SOBRE ESTE LIBRO

Como Jean-Michel Basquiat, he utilizado partes de la ciudad de Nueva York para crear el arte para este libro. Pinté sobre piezas de madera encontrada, rica en texturas, recogidas de materiales desechados de exposiciones del Brooklyn Museum, de los contenedores de basura de los edificios de piedra rojiza de Brooklyn y de las calles de Greenwich Village y el Lower East Side. De este modo, invito a mis lectores a crear utilizando los materiales, las personas y los lugares de su entorno. Aunque en *El niño radiante* no encontrarán reproducciones de obras de arte reales de Basquiat, sí encontrarán mis piezas originales inspiradas en él y mis interpretaciones de sus pinturas y diseños. —JS

Este libro ha sido editado por Deirdre Jones y Connie Hsu, con aportaciones de diseño de Saho Fujii, Jen Keenan, Phil Caminiti y Patti Ann Harris. La producción fue supervisada por Erika Schwartz y las editoras de producción fueron Annie McDonnell y Christine Ma. Este libro se imprimió en Gold Sun mate. Para el texto se utilizó Century Gothic y para la fuente destacada se usó Basquiat.

BIBLIOGRAFÍA

Chiappini, Rudy, ed. *Jean-Michel Basquiat*. Milán, Italia: Skira, 2005. • Clement, Jennifer. *Widow Basquiat: A Love Story*. Nueva York: Broadway Books, 2014. • Davis, Tamra. *Jean-Michel Basquiat: The Radiant Child*. DVD. Nueva York: Arthouse Films, 2010. • Emmerling, Leonhard. *Basquiat*. Colonia, Alemania: Taschen, 2003. • Fretz, Eric. *Jean-Michel Basquiat: A Biography*. Santa Bárbara, CA: Greenwood, 2010. • Hoban, Phoebe. *Basquiat: A Quick Killing in Art*. Nueva York: Viking, 1998. • Jegede, Dele. *Encyclopedia of African American Artists*. Westport, CT: Greenwood, 2009. • Marshall, Richard. *Jean-Michel Basquiat*. Nueva York: Whitney Museum of American Art, 1992. • Mayer, Marc, ed. *Basquiat*. Londres: Merrell Publishers, 2005. Mercurio, Gianni, ed. *The Jean-Michel Basquiat Show*. Milán, Italia: Skira, 2007. • Bertoglio, Edo. *Downtown 81*. DVD. Nueva York: Zeitgeist Films, 1981. • Schnabel, Julian. *Basquiat*. DVD. Nueva York: Miramax, 1996.

D. R. © 2016: Javaka Steptoe • Traducción: Cecilia Molinari • D. R. © 2016, de la ilustración de la portada: Javaka Steptoe. Diseño de la portada: Phil Caminiti. • D. R. © 2016, de la portada: Hachette Book Group, Inc. • Hachette Book Group apoya el derecho a la libre expresión y el valor de los derechos de autor. El propósito de los derechos de autor es fomentar que los escritores y artistas produzcan obras creativas que enriquezcan nuestra cultura. • Escanear, subir a internet o distribuir este libro sin autorización es un robo de la propiedad intelectual del autor. Si quisiera obtener permiso para utilizar material del libro (para otros propósitos aparte de producir reseñas o críticas), por favor contacte a permissions@hbgusa.com. Gracias por ayudar a proteger los derechos del autor de este libro. • Little, Brown and Company • Hachette Book Group • 1290 Avenue of the Americas, New York, NY 10104 • Visítanos en LBYR.com • Publicado originalmente en inglés por Little, Brown and Company con el título *Radiant Child: The Story of Young Artist Jean-Michel Basquiat* en octubre de 2016 • Primera edición en español: julio de 2025 • Little, Brown and Company es una división de Hachette Book Group, Inc. El nombre y el logotipo de Little, Brown son marcas registradas de Hachette Book Group, Inc. • La casa editorial no se hace responsable por sitios web (o su contenido) que no sean de su propiedad. Los libros de Little, Brown and Company pueden comprarse al por mayor para usos comerciales, educativos o de promoción. Para más información, por favor contacte a su librería local o al Departamento de Mercados Especiales de Hachette Book Group en special.markets@hbgusa.com. • Library of Congress Cataloging-in-Publication Data • Names: Steptoe, Javaka, 1971– author. | Steptoe, Javaka, 1971– illustrator. • Title: El niño radiante : la historia del joven artista Jean-Michel Basquiat / Javaka Steptoe. • Other titles: Radiant child. Spanish • Description: Primera edición en español. | Nueva York : Little, Brown and Company, 2025. | Includes bibliographical references. | Audience: Ages 4–8 | Summary: "The Spanish-language edition of the stunning illustrated biography of extraordinary artist Jean-Michel Basquiat." —Provided by publisher. • Identifiers: LCCN 2024048613 | ISBN 9780316586832 (paperback) • Subjects: LCSH: Basquiat, Jean-Michel, 1960-1988—Juvenile literature. | Artists—United States—Biography—Juvenile literature. • Classification: LCC N6537.B233 S8418 2016 | DDC 740.92 [B]—dc23/eng/20241212 • LC record available at https://lccn.loc.gov/2024048613 • ISBN 978-0-316-58683-2 • IMPRESO EN DONGGUAN, CHINA • APS • 10 9 8 7 6 5 4 3 2 1

JAVAKA STEPTOE

EL NIÑO RADIANTE

La historia del joven artista Jean-Michel Basquiat

LITTLE, BROWN AND COMPANY
New York   Boston

*E*n algún lugar de Brooklyn, entre corazones que retumban, saltos de doble comba y rayuelas

y bocas saladas que sorben hielo dulce,
un niño sueña con ser un ARTISTA famoso.

En su casa, se nota que vive un ARTISTA serio.
Sentado a la mesa con lápices regados por todas partes,

Jean-Michel dibuja de la mañana a la noche con cara seria, entre una tormenta de papeles. Se niega a dormir hasta producir una obra maestra.

Por la noche, imágenes encantan la mente de Jean-Michel, y se despierta de sus sueños para añadir una línea más.

Sus dibujos no son prolijos ni limpios, y tampoco colorea dentro de las líneas. Son descuidados, feos y a veces raros, pero de alguna manera siguen siendo BELLOS.

Su arte viene de su madre, MATILDE,
una mujer puertorriqueña
que diseña y cose, cocina y limpia,
y hace que la casa se vea como una revista de moda.

Pero lo más importante es que
se tumba en el piso
y dibuja con Jean-Michel
en los viejos papeles de trabajo de su padre, Gerard.

De ella aprende que el arte
no solo se encuentra en los libros de poesía
que ella le lee o en los teatros y museos que visitan.

EL ARTE es el juego callejero de los niños, está en nuestro estilo y en las palabras que pronunciamos. Es la forma en la que el desordenado mosaico de la ciudad crea un nuevo significado para las cosas cotidianas.

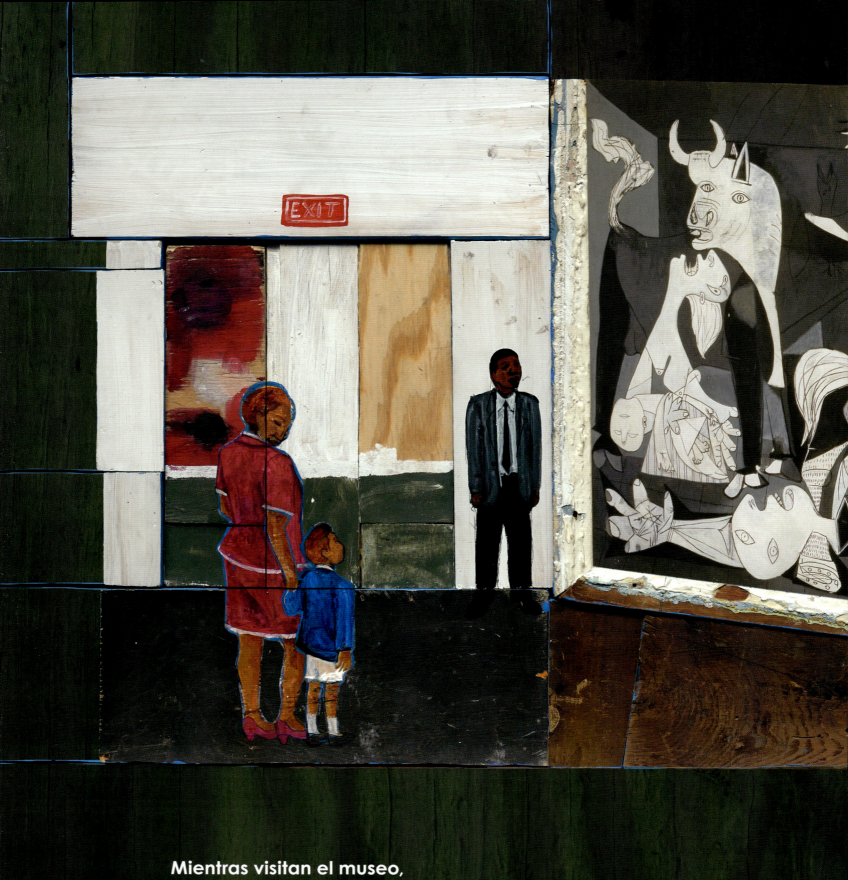

Mientras visitan el museo,

contemplan las obras de arte preferidas de Jean-Michel.

Al leer la historia detrás de cada artista, al leer la historia detrás de cada pieza, Jean-Michel aprende lo que significa ser un ARTISTA famoso.

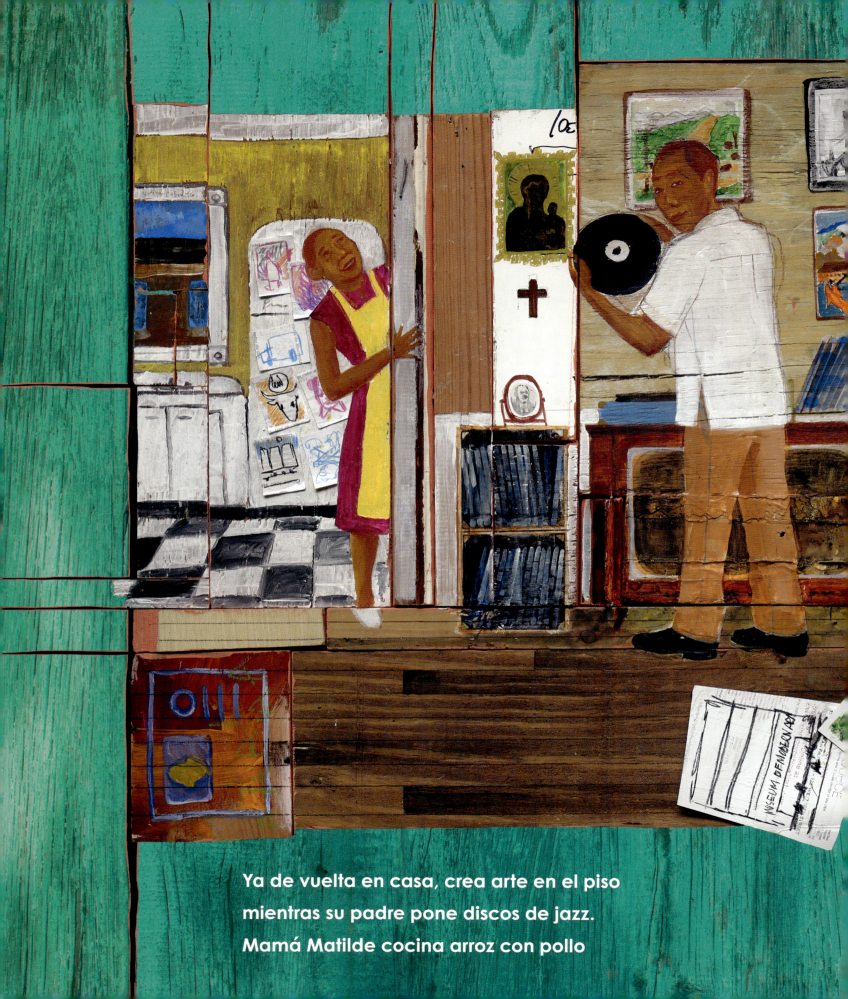

Ya de vuelta en casa, crea arte en el piso
mientras su padre pone discos de jazz.
Mamá Matilde cocina arroz con pollo

y le dice "MI AMOR" a Jean-Michel.
La energía y la vida de la ciudad
se pueden sentir en cada línea de sus dibujos.

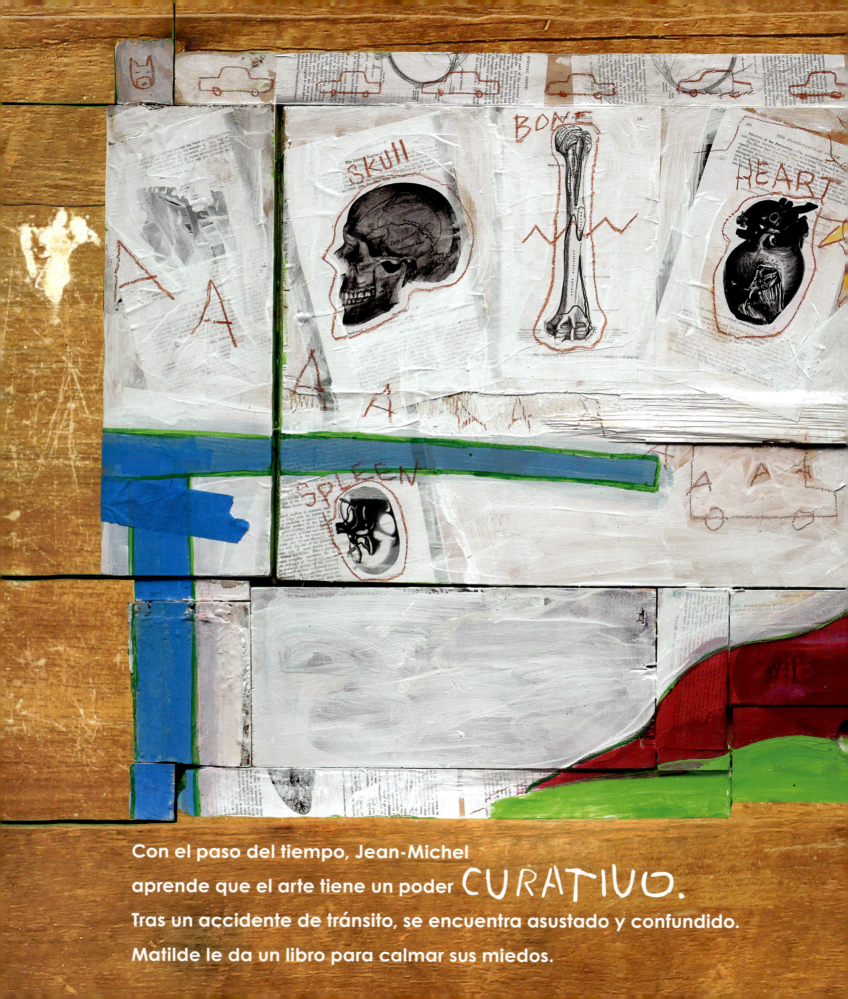

Con el paso del tiempo, Jean-Michel aprende que el arte tiene un poder CURATIVO. Tras un accidente de tránsito, se encuentra asustado y confundido. Matilde le da un libro para calmar sus miedos.

Está lleno de fotos e ilustraciones de huesos, calaveras y otras partes del cuerpo.
Jean-Michel dibuja esas imágenes hasta que se las aprende todas de memoria.
Ya no tiene miedo.

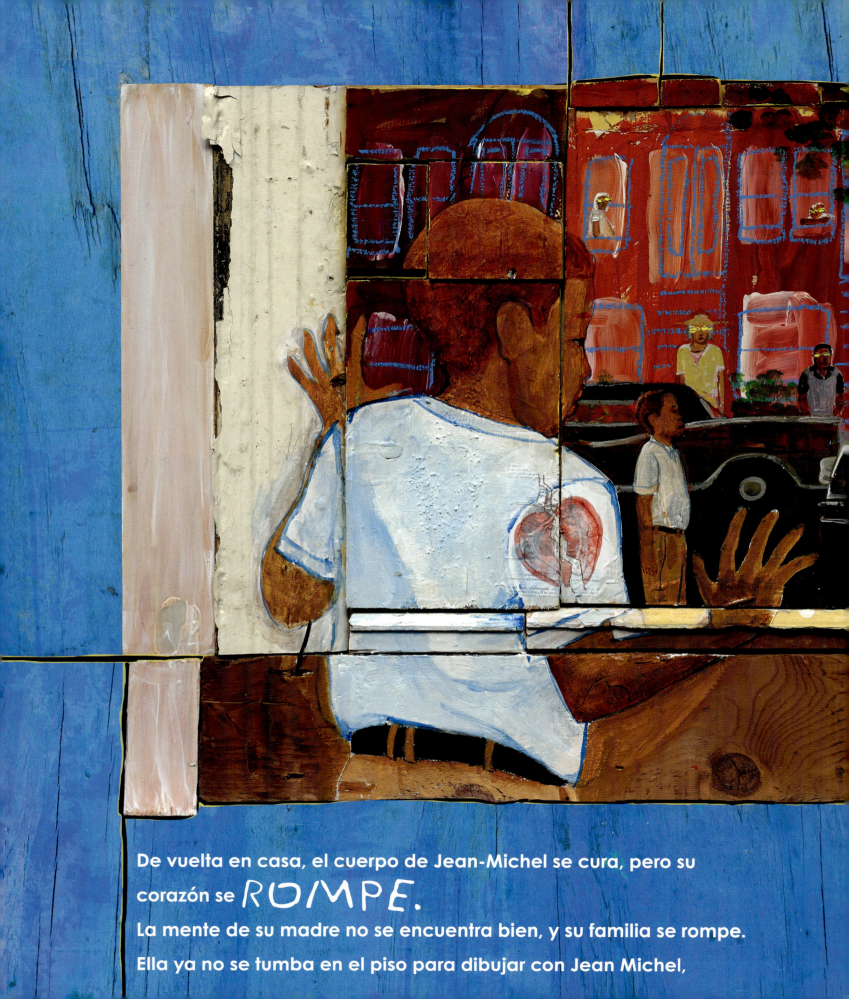

De vuelta en casa, el cuerpo de Jean-Michel se cura, pero su corazón se ROMPE.
La mente de su madre no se encuentra bien, y su familia se rompe.
Ella ya no se tumba en el piso para dibujar con Jean Michel,

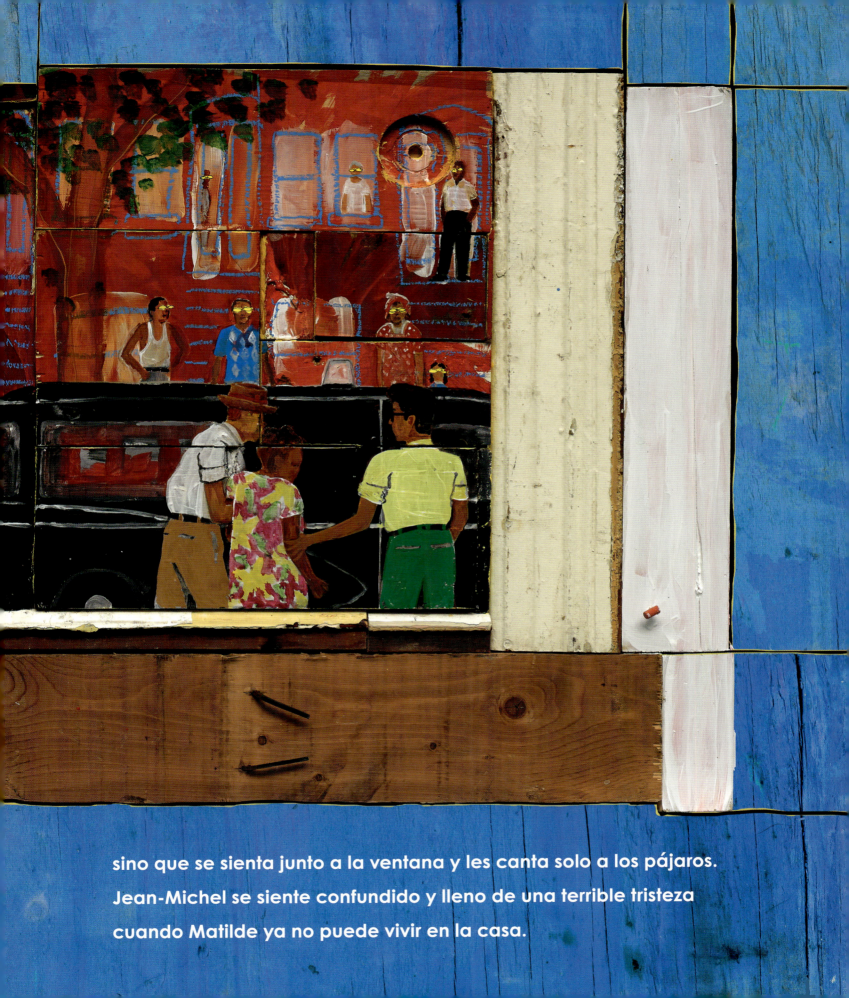

sino que se sienta junto a la ventana y les canta solo a los pájaros.
Jean-Michel se siente confundido y lleno de una terrible tristeza
cuando Matilde ya no puede vivir en la casa.

**Intenta dibujar lo terrible para sacarlo de su tristeza,
pero las cosas ya no son como antes.**

Al crecer, Jean-Michel visita a su madre cuando puede,
y siempre le lleva su arte para enseñárselo,
contándole que algún día estará en un museo,
"CUANDO SEA UN ARTISTA FAMOSO".

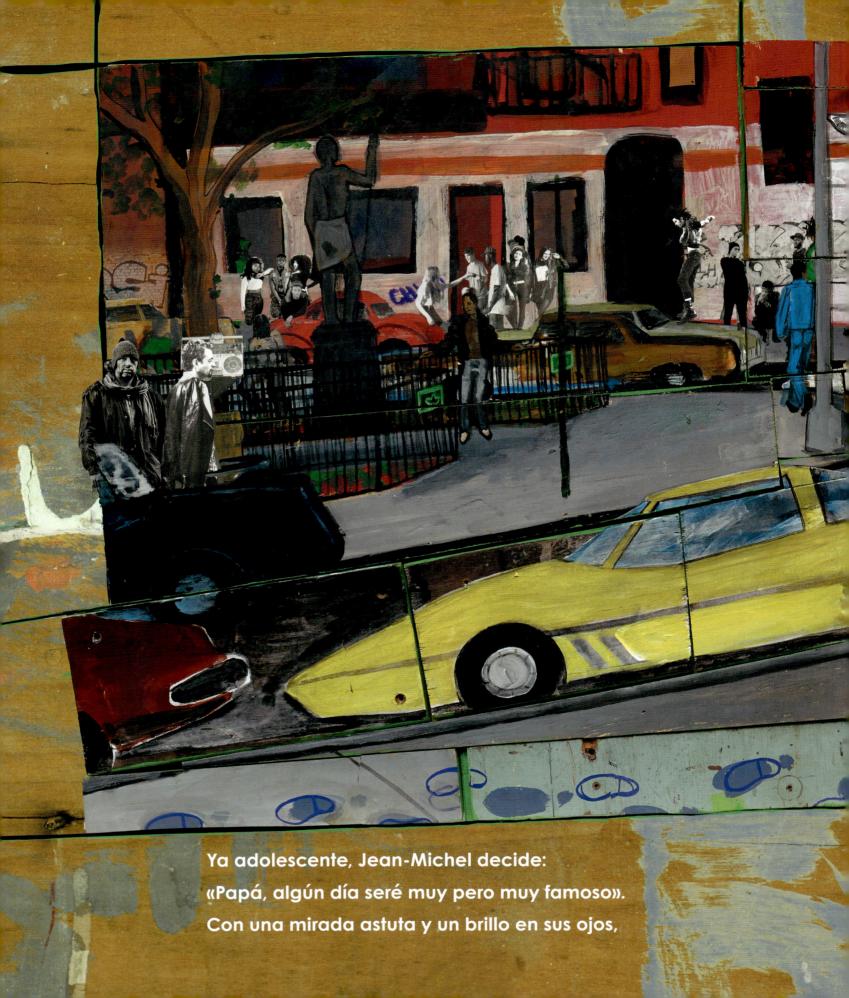

Ya adolescente, Jean-Michel decide:
«Papá, algún día seré muy pero muy famoso».
Con una mirada astuta y un brillo en sus ojos,

Jean-Michel deja Brooklyn y se dirige a la
CIUDAD DE NUEVA YORK,
al Lower East Side,
una jungla de cemento donde solo sobreviven los duros.

Durante el día,
vestido con un overol verde salpicado de PINTURA,
Jean-Michel se queda con amigos,

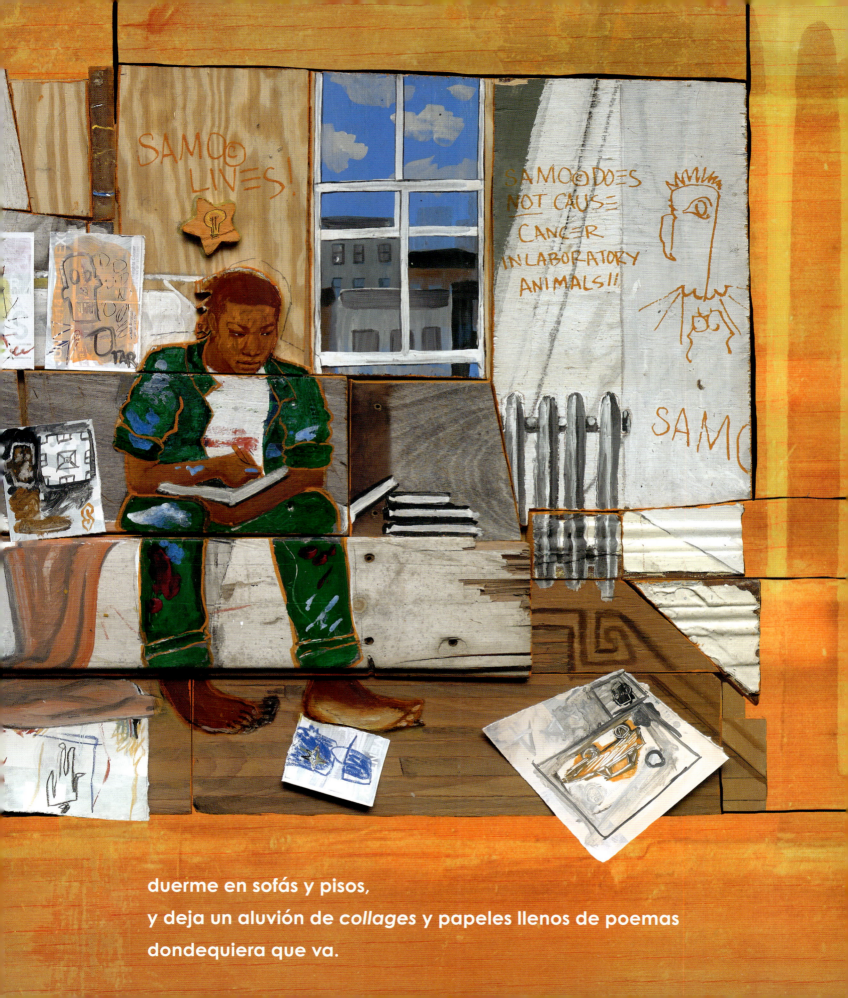

duerme en sofás y pisos,
y deja un aluvión de *collages* y papeles llenos de poemas
dondequiera que va.

Por las noches, Jean-Michel pinta con aerosol las paredes del centro con poemas y dibujos que llaman la atención de artistas, aficionados a las galerías y peatones.

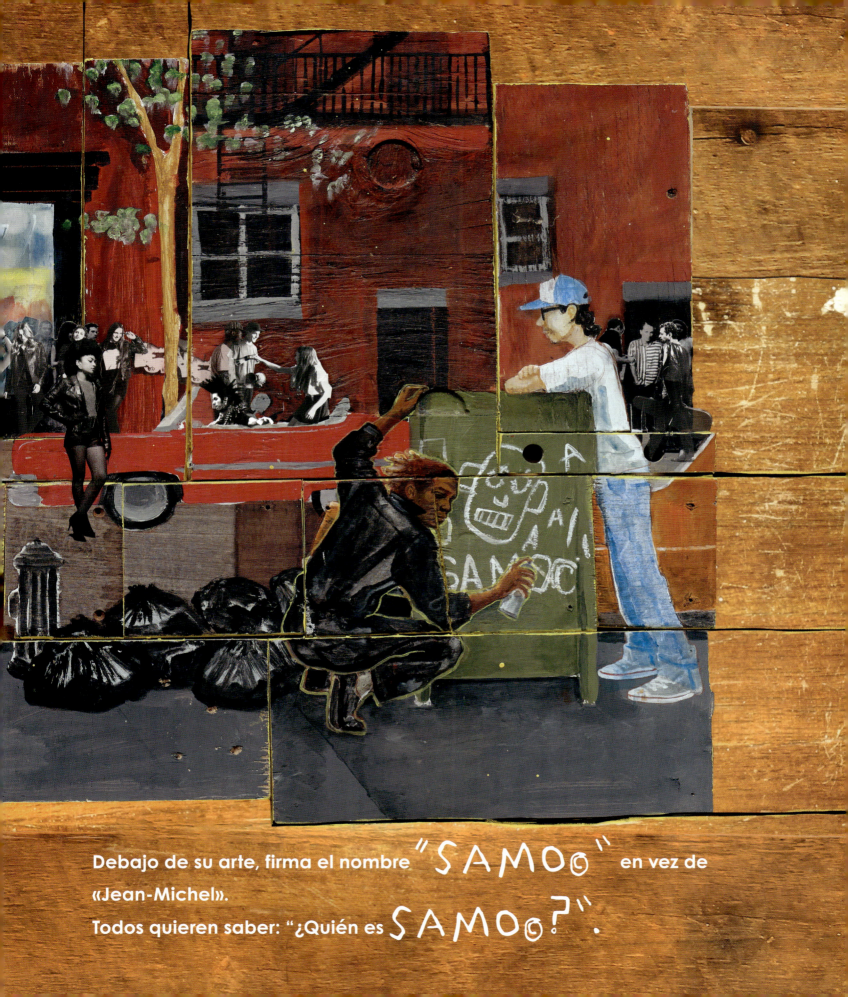

Debajo de su arte, firma el nombre "SAMO©" en vez de «Jean-Michel».
Todos quieren saber: "¿Quién es SAMO©?".

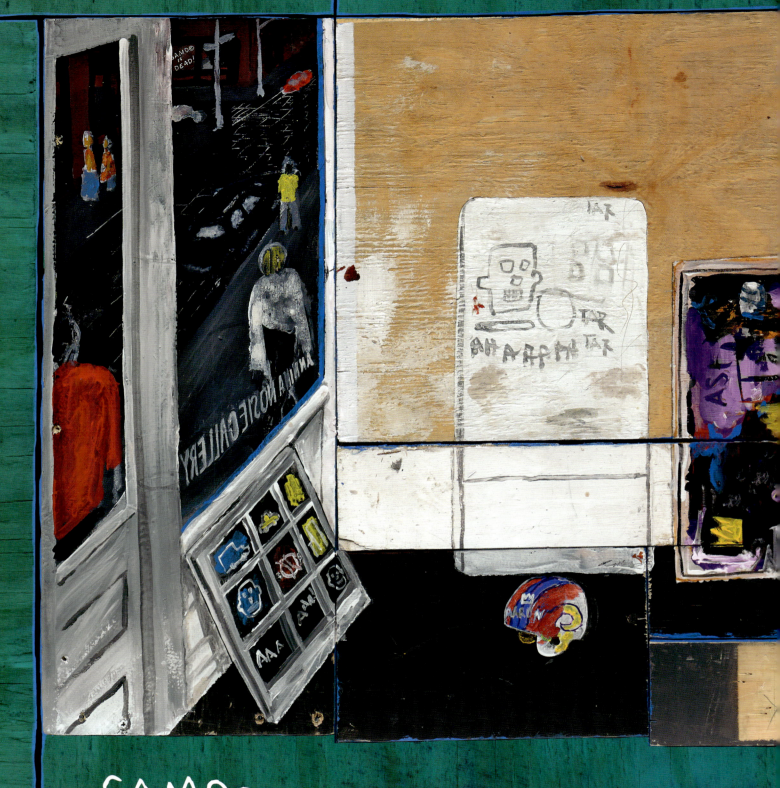

SAMO© pasa de las esquinas de las calles
a las paredes de las galerías de arte
con poderosas composiciones de color y líneas,
haciendo *collages* y pintando sobre lo que encuentre.

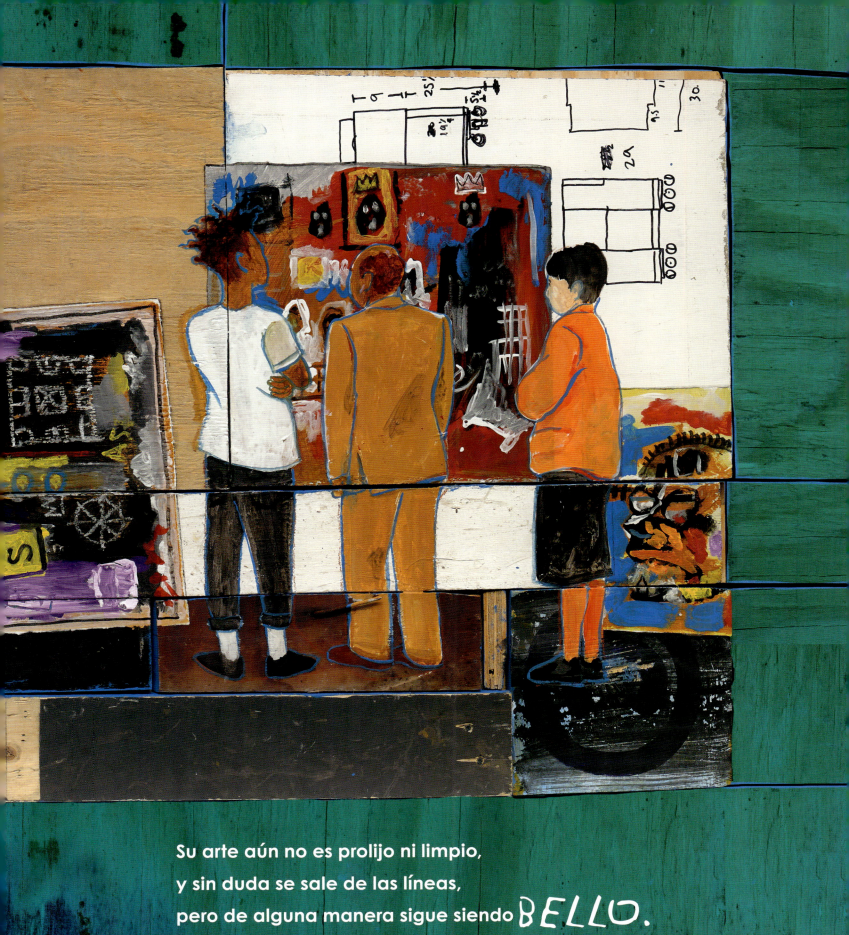

Su arte aún no es prolijo ni limpio,
y sin duda se sale de las líneas,
pero de alguna manera sigue siendo BELLO.

Con su encanto MÁGICO, Jean-Michel atrae al público, pero a la hora de trabajar, prefiere estar solo con la radio y la televisión a todo volumen.

Ahora, vestido con trajes caros salpicados de pintura,
hojea pilas de revistas y libros abiertos,
y pinta hasta altas horas de la noche y a veces durante varios días
mientras los sonidos y las imágenes saltan a su mente.

Jean-Michel, un artista entre artistas, nunca duda de una línea y crea a partir de una banda sonora que solo le pertenece a él.

La gente lo describe como RADIANTE, SALVAJE, UN NIÑO GENIO.
Pero en su corazón él es rey, por eso dibuja coronas para sí mismo y para otros a quienes admira.

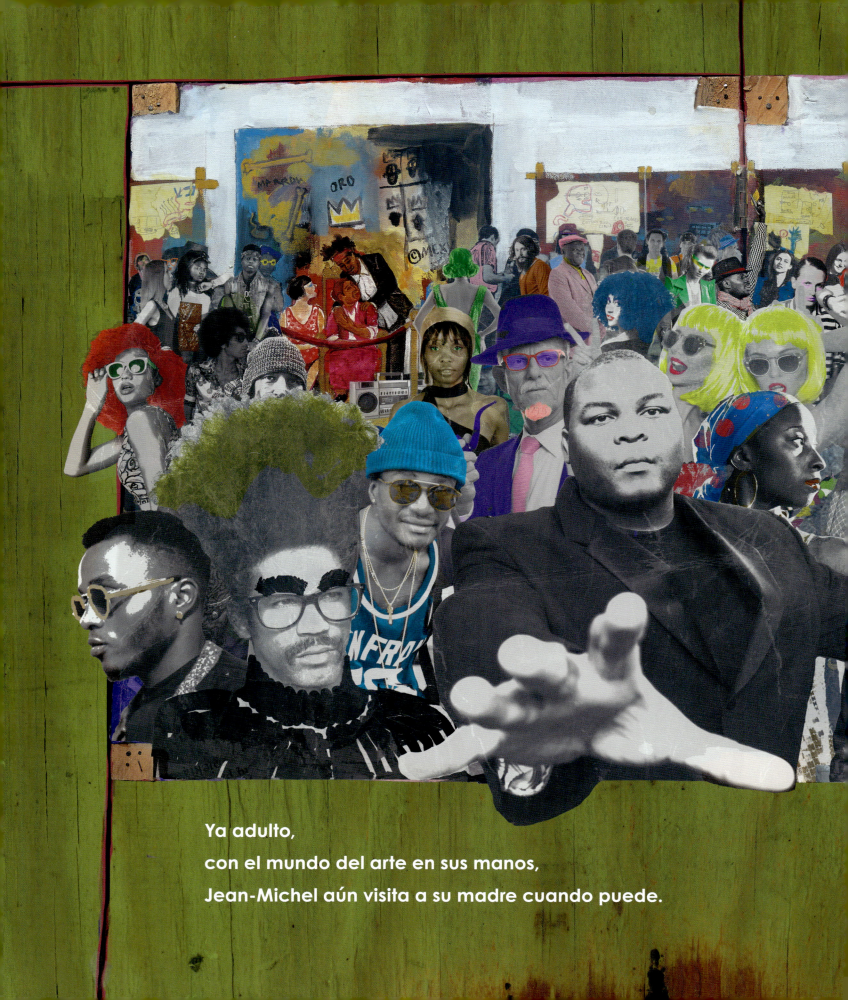

Ya adulto,
con el mundo del arte en sus manos,
Jean-Michel aún visita a su madre cuando puede.

Y en sus muestras más importantes,
por encima de todos los críticos, fans y artistas que admira,
el lugar de honor es para su madre: una reina en su trono.

¡AHORA ES UN ARTISTA FAMOSO!

MÁS SOBRE JEAN-MICHEL BASQUIAT

JEAN-MICHEL BASQUIAT nació el 22 de diciembre de 1960 y se crio en Brooklyn, Nueva York. Su padre era de Haití y la familia de su madre era de Puerto Rico. Al vivir en una casa trilingüe, Jean-Michel hablaba francés, español e inglés. Aunque su padre tenía algunas habilidades artísticas, fue Matilde, la madre de Jean-Michel, quien dibujaba con él y lo llevaba a museos.

A Jean-Michel le gustaba especialmente ver el cuadro llamado *Guernica* de Pablo Picasso en el Museum of Modern Art de Nueva York (ahora está colgado en el Museo Reina Sofía de Madrid, España). Algunos creen que el *Guernica* muestra el sufrimiento de personas y animales cuando los aviones de guerra bombardearon el pueblo de Guernica, España, durante la guerra civil española. Es uno de los cuadros antibelicistas más famosos jamás creado, una forma de activismo a través del arte y una obra que muestra el poder de la voz de un artista, lo cual puede haber inspirado al joven Jean-Michel.

Cuando tenía unos siete años, Jean-Michel fue atropellado por un carro y resultó gravemente herido. Su madre le regaló un ejemplar de *Anatomía de Gray*, quizás para ayudarlo a comprender lo que estaba ocurriendo dentro de su cuerpo mientras se recuperaba. Este libro de texto de medicina se convirtió en una importante influencia en su obra posterior. Ese mismo año, Matilde comenzó a sufrir problemas de salud mental y acabó abandonando el hogar familiar. A Jean-Michel le resultó muy difícil asumir la pérdida de este importante referente en su vida. Sin embargo, al hacerse mayor, visitaba a su madre y le mostraba sus obras de arte, lo cual los ayudó a mantener su relación.

A los diecisiete años, Jean-Michel se marchó de casa. Vendía postales y camisetas con sus propios diseños para mantenerse, y usaba lo que encontrara como lienzo. Su primera obra reconocida fue una serie de grafiti (creada con su amigo Al Diaz a partir de 1977) etiquetada con el nombre SAMO©. El mundo del arte tradicional estaba en busca de algo nuevo, moderno y conectado a la cultura callejera, y Basquiat llegó en el momento justo. Su primera exposición pública fue en el Times Square Show en 1980, y su primera exposición individual fue en Italia en 1981 (el año en que vendió su primer cuadro), a la que le seguirían muchas más. También conoció y entabló amistad con otros artistas famosos de la época, como Andy Warhol y Keith Haring.

Basquiat llevó una vida electrizante, pero su clamoroso éxito iba acompañado por una adicción a las drogas que lo llevó a la muerte el 12 de agosto de 1988, con solo veintisiete años. En la actualidad, sus obras se venden por millones de dólares y se coleccionan y exponen en museos alrededor del mundo, como el Whitney Museum of American Art y el Brooklyn Museum.

LOS MOTIVOS Y EL SIMBOLISMO EN LA OBRA DE BASQUIAT

Basquiat era famoso por su carisma, su energía y su arte audaz y cautivador. Su obra a menudo era política y expresiva, con fuertes puntos de vista y mensajes, razón por la que a veces aparecen letras, palabras y frases en sus piezas. Abordaba temas como la lucha de la gente común y corriente y su batalla contra el capitalismo, el colonialismo y aquellos con poder. Su obra también hablaba de la cultura negra, incluyendo las influencias del arte, la religión, la historia y el folclore africanos y de la diáspora africana; el jazz improvisado; el bebop; el hiphop; los deportes; y el crisol cultural de la ciudad de Nueva York.

Como muchos artistas, Basquiat utilizaba motivos (temas o ideas recurrentes) en sus cuadros. Fíjate si puedes encontrar ejemplos de estos motivos a lo largo del libro:

 Para Basquiat, las coronas representaban muchas cosas, como el poder o la fuerza, y a menudo «regalaba» coronas a otros en su obra como una señal de respeto.

 Los ojos con frecuencia representaban recordar, ver o comprender el pasado o el presente.

 Los autos, camiones y aviones a menudo representaban la niñez de Basquiat y el accidente de tránsito que lo dejó gravemente herido.

UNA NOTA DE JAVAKA STEPTOE

La primera vez que descubrí la obra de Jean-Michel Basquiat fue durante la secundaria, y me familiaricé más con ella en mis años universitarios. Al igual que Basquiat, pasé tiempo con una mezcla diversa de gente en el Greenwich Village de Nueva York. Allí vi sus grafitis y carteles y leí sobre él en el artículo del New York Times «New Art, New Money», e incluso fui a una de sus exposiciones de arte. El éxito de Basquiat me pareció el comienzo de una era de inclusión y diversidad en las bellas artes, donde apenas había existido hasta entonces. Esto significaba que, como joven artista afroamericano en ciernes, mis posibilidades de que se escuchara mi voz y de alcanzar el éxito popular se ampliaban de forma considerable. Pero no fue hasta mucho después, en una exposición en el Brooklyn Museum en 2005, cuando realmente comprendí lo mucho que su obra significaba para mí. Me hizo darme cuenta de que quería ayudar a los jóvenes a conectar con su arte de la misma forma que yo lo había hecho.

También quería que los jóvenes lectores y los adultos que los rodeaban pudieran utilizar la historia de Basquiat como catalizador para conversar y sanar. Como persona cuya madre padece una enfermedad mental, creo que esta historia toca un tema importante, ya que los trastornos mentales diagnosticables afectan cada año a uno de cada cuatro adultos en Estados Unidos.

Y lo más importante es que espero que los jóvenes lectores vean que las obras de arte de Basquiat son algo más que colores brillantes o una composición o texto intrigantes. Son reflexivas, poderosas e interesantes y, como todas las obras de arte, no son algo «bueno» o «malo». Su arte era su voz, y lo utilizaba para hablar de cuestiones sociales y políticas complejas que siguen siendo relevantes hoy en día.

En lugar de reproducir o incluir reproducciones de cuadros reales de Basquiat en este libro, opté por crear mis propias interpretaciones de ciertas piezas y motivos. Pintándolas sobre pedazos de madera con textura, mezclando su estilo con el mío, mi objetivo era mostrar cómo me ha inspirado su obra y darles a los jóvenes lectores una idea de su estilo artístico. Espero que quieran saber más sobre él y que busquen ejemplos de su obra real en internet y en museos.

Jean-Michel Basquiat persiguió de todo corazón su sueño de convertirse en un artista famoso. No cabe duda de que dejó huella en el mundo y animó a otros a hacer lo mismo, y esa huella importa, en especial para los artistas y narradores como yo. —*Javaka Steptoe*

Créditos

14–15: *Guernica* © 2016 Patrimonio de Pablo Picasso / Artists Rights Society (ARC), Nueva York | Foto del *Guernica* cortesía de John Bigelow Taylor / Art Resource, Nueva York

(Todas las fotos mencionadas abajo han sido utilizadas bajo la licencia Shutterstock.com)

4–5, 18–19, 28–29: fondo de tablero de madera de *wanchai*; fondo de tablón de madera de *My Life Graphic* | **10–11:** bandera/mapa de Haití de *heartbeatx*; textura de papel pintada y textura de papel grunge diseñada por *donatas1205*; fondo de acuarela grunge de *ensuper*; lienzo pintado abstracto de *Vierra*; fondo de técnica mixta/pintado a mano de *moinmoin* | **24–25 (de izq. a dcha.):** *Smolina Marianna*; *Stefano Tinti*; AS photo; *Tobias Schenk*; *Michel Borges*; FCSCAFEINE; *Svitlana Sokolova*; *Marcel Jancovic*; AS photo; kitty; *Rick Lord*; bikeriderlondon; *Kiselev Andrey Valerevich*; *Luis Molinero*; *Stefano Tinti*; Blend Images; *Smolina Marianna*; *Ysbrand Cosijn*; *Krunkja*; *Dean Drobot* | **28–29 (de izq. a dcha.):** *Smolina Marianna*; *Christian Kieffer*; khz; *Michel Borges*; Paul Matthew Photography; Jacob Lund; Djomas; *Stefano Tinti*; kitty; *Rick Lord*; *Luis Molinero*; *Svitlana Sokolova*; *Ysbrand Cosijn*; *Marcel Jancovic*; FCSCAFEINE; *Anchiy*; *Stefano Tinti* | **36–37 (de izq. a dcha., fila de atrás):** mujer mirando a la derecha de *Voyagerix*; mujer con el codo en el hombro de un hombre de AS photo; mujer con chaqueta azul y roja de *Svitlana Sokolova*; mujer con camisa de rayas de *Anchiy*; hombre con sombrero mirando hacia otro lado de *Kamenetskiy Konstantin*; hombre con barba de *sergey causelove*; hombre con sombrero rosa de *michaeljung*; hombre mirando hacia otro lado de *Kamenetskiy Konstantin*; hombre con camisa amarilla, hombre con camisa naranja, hombre con sombrero azul de *Angela Hawkey*; mujer con chaqueta verde de *Augustino*; hombre con el brazo en alto de *Kiselev Andrey Valerevich*; mujer con chaqueta azul y roja de *Svitlana Sokolova*; mujer con camisa de rayas de *Anchiy*; hombre sosteniendo una fedora de bikeriderlondon; hombre con ambos brazos en el aire de *iordani*; hombre junto a perro de Blend Images; perro de *Smolina Marianna*; hombre con gafas de sol azules de *Kiselev Andrey Valerevich* | **36–37 (de izq. a dcha., fila del medio):** mujer pelirroja de HighKey; hombre mirando a la derecha de khz; hombre con la cara oculta de *Smolina Marianna*; radiocasetera de *Valentin Valkov*; mujer con diadema dorada de *Lucian Coman*; hombre con sombrero morado de *Ysbrand Cosijn*; mujer con pelo azul de *Tobias Schenk*; mujer con pelo amarillo de *shurmelyova*; mujer con corte recto negro de *Stefano Tinti*; mujer con un pendiente grande de Paul Matthew Photography; mujer mayor de bikeriderlondon; grupo riendo de Monkey Business Images; hombre y mujer detrás de mohawk de kitty; mujer con brazo en alto de *Luis Molinero*; hombre con sombrero verde de Jacob Lund | **36–37 (de izq. a dcha., primera fila):** hombre con gafas de *Volodya Senkiv*; hombre con pelo amarillo de Djomas; hombre con sombrero azul de *Kzenon*; hombre con la mano extendida de bikeriderlondon; mujer con pañuelo azul de Blend Images; mujer con chaqueta de cuero de *Ysbrand Cosijn*; hombre con mohawk de *Marcel Jancovic*; hombre mayor de photobank.ch; hombre con parche en el ojo y mujer con pelo morado de *Roman Seliutin*; mujer con pelo rosa de *Evgeniya Porechenskaya*; hombre con gafas amarillas de Blend Images.